W0176683

Madame Missou
ist schlagfertig

Madame Missou

IST SCHLAGFERTIG

Unsere Themen

C'est la vie

Ihr steht zusammen und plaudert nett. Plötzlich, völlig unerwartet, lässt deine Bekannte eine spitze Bemerkung fallen und stellt dich vor der ganzen Gruppe bloß. Und du, voilà, stehst nur da und läufst rot an. Kommt dir das bekannt vor?

Nun müsstest du eigentlich sofort etwas tun: Dagegen- halten, dich zur Wehr setzen und so deine Grenzen wahren. Aber das kannst du (noch) nicht? Wie gelähmt verharrst du im Schreck, in der Kränkung und in der Angst. **Was dir fehlt, ist Schlagfertigkeit.**

Die gute Nachricht: Schlagfertigkeit ist erlernbar, kann trainiert und bis zur Vollendung verbessert werden. Eigentlich sind wir nämlich instinktiv wehrhaft. Schon Augenblicke nach der oben beschriebenen Situation fallen dir Dinge ein, die du hättest sagen oder tun können – leider vermeintlich zu spät. Ich spreche aus eigener Erfahrung, denn auch ich war früher in solchen Situationen hilflos. Deshalb habe ich die Sache in die Hand genommen und viele Methoden ausprobiert auf meinem Weg zu mehr Schlagfertigkeit. Alors, das Ergebnis kann sich sehen lassen: Was zunächst wie ein kleiner Teilbereich des Lebens aussieht, ist zu einem wahren Kraftquell geworden. **Schlagfertigkeit macht attraktiv, erfolgreich und sympathisch.**

Ich zeige dir, wie auch du deinen persönlichen Weg zur Schlagfertigkeit findest! Dabei geht es zunächst um eine Bestandsaufnahme und dann um Veränderungen im Umgang mit dem eigenen Körper, mit Gefühlen und mit dem Geist. **Und nun:** Rein in den Boxring zum gemeinsamen Kampf für deinen souveränen Auftritt!

Deine
Madame
Missou

Schlagfertigkeit – drei Dinge vorab

Vraiment, wer mehr Schlagfertigkeit erlangen möchte, kann dabei viel von diversen Kampfkünsten lernen. Lass dich davon jetzt nicht abschrecken. Schlagfertigkeit ist eben keine nur mentale Angelegenheit. Bezieh also deinen Körper und deine Gefühle in die Entwicklung deiner Schlagfertigkeit mit ein. Ganz nebenbei machen dich die vorgeschlagenen Übungen beweglicher und vitaler und können sogar überflüssiges Gewicht abbauen. Das war bei mir ein schöner Nebeneffekt!

Keine Bange, du musst jetzt keinen Kampfsport betreiben. Du wirst aber einige Essenzen dieser Kunst in deinen Alltag integrieren. Dabei wirst du merken, dass du eine neue Haltung einnehmen wirst, dir selbst und der Umwelt gegenüber. Sie wird dir wie durch Zauberei mehr Durchsetzungsvermögen verleihen. Alors, freu dich jetzt schon auf die Ergebnisse!

Alors!

Schlagfertigkeit ist eine Sache der Haltung! Sie betrifft beides: Körper und Geist.

Ab ins Sprachlabor!

Wer fest steht, ist klar im Vorteil

Lass uns das Ganze mal von der sprachlichen Seite aus angehen: Wenn wir eine selbstsichere Person beschreiben, loben wir ihre Standhaftigkeit und ihre Standfestigkeit, sie hat ein gutes Standing. Sie vertritt ihren Standpunkt selbstbewusst und leistet gegen Attacken aller Art erfolgreich Widerstand.

Im anderen Fall wackelt eine Person, sie kommt ins Straucheln. Manchmal geht sie sogar in die Knie, die weich geworden sind, oder sie fällt gar völlig um.

Gefühl in Kraft verwandeln

Unser Herz ist der Sitz unserer Gefühle. In Situationen, in denen wir uns bewähren müssen, handeln wir kraftvoll aus dem Herzen heraus. Mutige Menschen nehmen ihr Herz in beide Hände und gehen nach vorne. Sie sind unerschrocken und lassen ihr Feuer in all ihre Sinne fließen, durch ihren Körper und auch in ihr Selbstbild und ihre Sprache. Wie sieht es im negativen Fall aus? Hier ist das Herz verstockt und verengt, Angst und Kälte sind dort eingezogen, manchmal rutscht das Herz sogar bis in die Hose. Der Körper ist mit Schreck erfüllt und der Ausdruck kraftlos, ohne Spannung und Feuer.

Bleib mental zentriert

Nachdem wir uns vom Stand auf dem Boden hinauf ins Herz gearbeitet haben, gehen wir nun noch weiter nach oben – in den Kopf. Die Schaltzentrale unseres Geistes und unserer mentalen Fertigkeiten. Wie sehen wir eine schlagfertige Person? Sie sprüht vor Wortwitz, ist spontan und kann verbal improvisieren. Sie ist klar, bleibt in sich zentriert und dabei doch voll heiterer Leichtigkeit.

Wie sieht es jetzt hier im negativen Fall aus? Dann ist im Kopf eine Blockade. Das Reaktionsvermögen ist stark gehemmt, solche Personen wirken fahrig und zerstreut. Die Gedanken fliegen – oder es bleibt nur eine völlige Leere im Kopf.

So, mit dieser kleinen sprachlichen Erörterung zum Einstieg haben wir die Etappen auf unserem Weg zum Ziel klar gesteckt: **nämlich Acht zu geben auf Körper, Seele und Geist.**

Und für das erste Erfolgserlebnis gibt's vorab schon mal den Sofort-Hilfe-Trick für mehr Schlagfertigkeit! Einfach umzusetzen und wirkungsvoll, garantiert!

Was sofort hilft: Zeitspiel

Erinnerst du dich, wann du zuletzt eine Fußballübertragung im Fernsehen gesehen hast? Mit Sicherheit gab es da eine Situation, in der eine Mannschaft vorübergehend unter Druck geriet und nicht in der Lage war, schlagfertig zu reagieren. Was macht dann ein Spieler dieses Teams? Richtig, er spielt auf Zeit. Er nimmt die Zeit von der Uhr, wie die Sportreporter heute gern sagen. Nein, du musst dich jetzt nicht auf den Boden werfen und dich vor Schmerzen krümmen. Aber die folgenden drei praxiserprobten Tricks kannst du sofort anwenden.

Gegenfrage – der clevere Konter

Vor Jahren wurde mir einmal recht unfreundlich gesagt, dass ich nicht aussehen würde, als wäre ich eine Deutsche. Ich war so perplex, dass ich einfach noch einmal fragen musste: „Wie bitte? Habe ich das gerade richtig verstanden?" Der Fragensteller war davon schon so verunsichert, dass seine Feindseligkeit abblätterte. Dennoch ließ er nicht locker. Ich fragte erneut: „Entschuldigen Sie, wie meinen Sie das genau?" Da verlor mein Gegenüber die Lust und ließ von mir ab. Von Fragen dieser Art kann man immer eine Handvoll dabeihaben. So verschaffst du dir Zeit und nimmst der Attacke komplett ihre destruktive Energie. Für deinen Gegenspieler ist es, als müsste er seinen gerade erzählten Witz erklären. Oh, wie peinlich für ihn!

Die besten Gegenfragen

- Habe ich **Sie richtig verstanden,** dass …? (das Gesagte mit eigenen Worten wiederholen)
- **Was** wollen Sie damit sagen?
- **Wie** meinen Sie das konkret?
- Können Sie das bitte **wiederholen?**
- …

Manchmal ergibt sich aus der Art eines Übergriffs auch das Thema für die Gegenfrage. Eine Kellnerin, jung und hübsch, erzählte mir, dass sie öfter von älteren Herren angesprochen werde: „Na, wie wäre es denn mit uns beiden später?" Sie frage dann immer höflich und interessiert: „Wie heißen Sie? Kommen Sie von hier? Welches ist Ihre Lieblingsfarbe? Was für ein Parfum benutzen Sie?" Diese Herren würden dann immer schnell bezahlen und recht schnell und grußlos verschwinden.

Eine toughe Reaktion der Kellnerin, wie ich finde!

Humor – eine unterschätzte Waffe

Eine Freundin von mir, die Schauspielerin ist, kann auf Kommando hysterisch loslachen. Was für ein Talent! Doch ich glaube, mit etwas Übung kann das jeder. Auch damit gewinnst du Zeit, in der du dir überlegen kannst, wie du weiter vorgehen willst. Manchmal ist eine Anschlusshandlung gar nicht mehr nötig. Wenn jemand dich kränken will und du daraufhin lachst, ist das so grotesk, dass mancher Angriff schon zu diesem Zeitpunkt zu Ende ist.

Wenn du, wie meine kellnernde Freundin, ständig mit solch lästigen Situationen konfrontiert wirst, solltest du dir ein Repertoire an witzigen Entgegnungen zurechtlegen. Natürlich kannst du aber auch spontan improvisieren. Dazu später mehr!

mein
TIPP:

Jemand äußert sich abfällig über deine Figur? So eine Unverschämtheit! Wisch dir die Lachtränen aus den Augen und entgegne lässig: „Ich habe doch tatsächlich verstanden, du hättest gesagt, ich wäre fett geworden."

Strategischer Rückzug

Wenn sonst nichts geht – dann gehst du

Sollten Gegenfragen und Humor nicht helfen oder sollte dir beides als Aktion nicht gelingen, dann bleibt immer die Möglichkeit, einfach zu gehen. Ich habe die Erfahrung gemacht, dass vor allem Männer dabei oft folgender Glaubenssatz blockiert: „Wer aus dem Feld geht, der hat auch verloren."

Mais alors, das ist vollkommen falsch! Es kommt immer sehr darauf an, wie und mit welcher Haltung du gehst. In einer Konferenz habe ich vor Jahren einmal erlebt, wie mein Freund Pierre von einem anderen Teilnehmer beleidigt wurde. Nach einem Moment des Schweigens stand Pierre ganz ruhig auf und sagte: „Wir sind hier wohl in einer Sackgasse gelandet. Gutes Gelingen euch noch, wir sehen uns dann später." Mit diesen Worten ging er selbstbewusst und gelassen aus dem Raum. Génial! Alle sahen ihm nach, und als die Tür sich hinter ihm geschlossen hatte, gingen alle Blicke im Raum zu dem Aggressor. Ich glaube, für diesen war das schon eine Höchststrafe. Pierre, der den Raum verlassen hatte, gewann Zeit, um sich Klarheit zu verschaffen: Was ist passiert? Was brauche ich jetzt? Wie will ich reagieren? Er konnte sich sogar mit anderen besprechen, um mit der entstandenen Situation und sich selbst gut umzugehen.

Eine andere und indirektere Methode des sich Entziehens hat meine Freundin Marielle perfektioniert: Wenn sie in einer Situation ist, die sie nicht kontern kann, greift sie zu ihrem Handy, das ihr im Vibrationsmodus einen vermeintlichen Anruf meldet. Lautstark beginnt sie einen Dialog mit ihrem Handy. Als Schauspielerin fällt ihr das nicht schwer, aber mit etwas Übung kannst du das auch!

Diese Beispiele gelten für Frauen wie Männer gleichermaßen: Ein geordneter Rückzug, in Würde oder vermeintlich von außen verursacht, kann eine wunderbare Möglichkeit sein, sich und einem anderen Menschen die Chance für ein Rückspiel unter anderen

Voraussetzungen zu geben. Man bewahrt sich und andere so auch davor, etwas zu tun, das einem später leidtäte.

Du hast immer die **Zeit, die du dir nimmst!**

Der Körper-Check-up

Halten wir fest: Das Empfinden für den eigenen Körper und sein bewusster Einsatz spielen eine wichtige Rolle für unsere Schlagfertigkeit. Die folgenden drei kleinen Übungen sollen dich mit deinem Körper vertrauter machen.

1. Körperbild

Nimm dir einen Zeichenblock zur Hand. Das beste Ergebnis erhältst du, wenn du drei Blätter eines Zeichenblocks mit Tesafilm quer untereinanderklebst. Skizziere darauf den Umriss deines Körpers. Schreib dann mögliche Beschwerden in deinem Körper an die jeweilige Stelle, wo du sie empfindest, zum Beispiel „Kopfschmerzen", „Magenbeschwerden", „Neigung zum Erröten" und so weiter. Wähl nur die Aspekte aus, die dich wirklich in deinem Auftreten behindern und deine Durchsetzungsfähigkeiten einschränken.

Zu all diesen Schwachpunkten kannst du dir nun gezielt schützende und heilende Handlungsstrategien überlegen. Mir wurde erst bei dieser Übung bewusst,

dass ich über manche körperlichen Beschwerden einfach so hinweggehe. Das ist nie gut, da von selbst selten etwas besser wird. Weiter geht es in deinem Bild
nun mit dem Energiediagramm.

2. Energiediagramm

Nun kommen Farben ins Spiel: Überleg dir, wie die Energien in deinem Körper meistens verteilt sind. Für Zonen mit viel Energie, also Wärme bis Hitze, wählst du warme Farben, also Rottöne bis helles Gelb. Je weniger Energie du in einer Körperregion empfindest, umso kühlere Farben wählst du, etwa bis zu einem dunklen Blau. Solltest du zu Körperregionen gar kein Gefühl haben, färbst du sie schwarz.

Fertig gemalt? Voilà, Regionen mit viel Energie geben dir Hinweise, wo du gut mit dir im Kontakt bist. Diese sollten positiv bedacht werden, hier schlummern potenzielle Ansatzpunkte für deine Schlagfertigkeit.

Viel Energie im Kopf zeigt zum Beispiel, dass du zunächst alles verstehen willst. Nimm diesen Wunsch ernst. Wunderbar, es fällt dir also nicht so schwer, bestimmte Strategien für Schlagfertigkeit zu lernen, zu planen und bewusst einzusetzen. Regionen mit besonders wenig Energie bedürfen liebevoller Zuwendung. Überlege, wie du sie gezielt aktivieren kannst.

Ich gehöre beispielsweise zu denjenigen Frauen, die häufig kalte, also mit wenig Energie versorgte Füße haben. Deshalb verliere ich mitunter leichter die Balance. Jede mögliche Aktivierung von Energie in den Füßen ist da hilfreich: Massagen, durchblutungsfördernde Cremes oder Lotion, Heiß-kalt-Wechselbäder oder spezielle Einlegesohlen. Einiges davon habe ich schon ausprobiert und es wirkt erstaunlich gut!

 Zugegeben, diese Übung klingt ein wenig esoterisch. Aber sei doch einfach mutig und neugierig und probier es einmal aus!

3. Likes und Dislikes

In diesem dritten Schritt markierst du mit jeweils einem Kreis in deiner Lieblingsfarbe jene Körperstellen, die du besonders magst, für die du Komplimente bekommst und mit denen du absolut versöhnt bist. Diese Körperstellen solltest du weiter liebevoll behandeln. Sie zeigen dir, wo mögliche Ressourcen sind, wenn du Energien und Strategien für mehr Schlagfertigkeit brauchst. Hier liegen auch die Wurzeln für dein Selbstbewusstsein.

Markier dann mit Pfeilen die Körperteile oder Regionen, mit denen du auf Kriegsfuß stehst. Diese bedürfen besonders deiner wertschätzenden Aufmerksamkeit. Überleg dir konkrete Schritte, wie du das realisieren kannst.

Die Pfeile zeigen dir aber noch etwas: Hier werden in der Tat im wahren Leben schon Pfeile gelandet sein. Diese Körperregionen machten dich in der Vergangenheit verletzlich und empfindlich. Nun hast du aber die Möglichkeit, dir genau hierzu Konterstrategien zu überlegen. Ich habe zum Beispiel einen, nun ja, stark ausgeprägten Hintern. Sollte es dazu einen dummen Spruch geben, kontere ich frech:

„Besser, als wenn Knochen die Jeans durchstoßen."

„Ich liebe meine Weiblichkeit!"

Alors!

Der Körper ist das Gefäß aller Gedanken und Gefühle. Er ist die Basis für menschliches Leben. Dies merken wir oft erst dann, wenn er nicht wie gewünscht funktioniert. Machen wir ihn uns zum besten Freund und wertschätzen ihn so, wie er jetzt ist!

Wie du standhaft bleibst

Bien sûr, Standfestigkeit ist eine komplexe Fähigkeit. Auf den Körper bezogen geht es dabei immer um ein gutes Balancegefühl. Gutes Reaktionsvermögen und ein Gefühl von gelöster Entspannung tragen ebenso dazu bei.

Balance

Jede Tätigkeit, die deine Balancefähigkeiten schult, bringt dich auch in Sachen Schlagfertigkeit weiter. Mein Tipp: Üb regelmäßig eine oder mehrere der folgenden Sportarten:

- Rollschuhlaufen
- Schlittschuhlaufen
- Trampolinspringen
- Bodenturnen
- (Wasser-)Skifahren
- Tanzen
- Surfen
- Skateboarden …

Wichtig ist natürlich, dass du dabei jede Menge Spaß hast! Deshalb solltest du für das Balancetraining deine Lieblingssportart finden und betreiben!

Meine Lieblingssportarten

für mehr Balance

Für ein effektives und regelmäßiges Training zu Hause empfehle ich zwei Dinge:

Einmal gibt es Balanceboards für Spielkonsolen in Kombination mit einem Fernsehgerät. Hier lassen sich sehr effektive Balance-Übungen leicht erlernen und durchführen. Du bekommst per Elektronik ein Feedback über den Bildschirm und kannst deine Balance sehr schnell messbar verbessern. Netter Nebeneffekt: mehr Beweglichkeit und sogar Gewichtsreduktion ganz nebenbei. Wenn du Kinder hast, schau dir doch mal ihre Spielkonsolen an. Vielleicht hast du ja ein Balanceboard im Haus, ohne es zu ahnen. Sonst ist es eine lohnende Anschaffung, wie ich finde, für dich oder auch für die ganze Familie.

Mein zweiter Tipp sind sogenannte Balance-Pads. Das sind handbreit dicke Schaumstoffpolster in Größe eines Zeichenblocks. Stellt man sich barfuß darauf, sinkt man ein wenig ein. Ähnlich wie bei dem Sitzkissen für das sogenannte „aktive Sitzen" muss man auf einem Balance-Pad ständig neu sein Gleichgewicht justieren.

Das kannst du ganz einfach in deinen Tagesablauf einbauen. Mein Balance-Pad liegt oft im Badezimmer, sodass ich beim Zähneputzen üben kann.

Auch beim Kochen oder mal vor dem Fernseher bringt es schnell erstaunliche Verbesserungen der Gleichgewichtskoordination. Selbst meine Rückenbeschwerden konnte ich so ganz nebenbei erheblich bessern.

Reaktion

Eine gute Schlagfertigkeit setzt gutes Reaktionsvermögen voraus. Ich habe gelesen, dass Reaktionsvermögen zum Teil genetisch bedingt ist. Dennoch ist es leicht möglich, durch Training das bestehende Reaktionsvermögen deutlich zu verbessern. Auch hier bieten manche Sportarten gute Grundlagen: Tennis, Badminton, Squash, Tischtennis, Volleyball und weitere Sportarten sind wunderbar geeignet, das Reaktionsvermögen spielerisch zu verbessern. **Voilà, dabei tust du auch noch etwas** für deine Beweglichkeit und Gesundheit!

mein

TIPP:

Auch zur Förderung des Reaktionsvermögens gibt es tolle Übungssoftware. Gamification ist angesagt! Du entwickelst deine Fähigkeiten und hast jede Menge Spaß dabei.

Entspannung

Während eine gute Balance und schnelles Reaktionsvermögen die dynamischen Aspekte sind, die du aktivieren und verbessern kannst, dürfen wir die passive
Kehrseite nicht vergessen, nämlich die Entspannung.
**Alle Fähigkeiten, die wir haben, können wir nur
dann für uns einsetzen, wenn wir nicht verspannt
und blockiert sind.**

Hier liegt bei vielen Menschen meist das größte Problem.
Entspannen können wir kaum mehr, wir haben es ver-
lernt. Wenn du Babys, kleine Kinder oder auch eine Katze
beobachtest, kannst du sehen, dass diese Wesen Entspannung lieben und genießen: Sie bewegen sich weich
und fließend, finden schnell und überall eine bequeme
Position im Sitzen oder Liegen, können sich in wohltuen-
de Tagträume versenken und schlafen leicht ein.

Diese wunderbaren Fähigkeiten können wir wiederer-
langen. Hast du in deinem Leben schon positive Erfahrungen mit einem Entspannungsverfahren gemacht?
Dann ist es jetzt eine wunderbare Gelegenheit, diese
Technik wieder zu reaktivieren!

Sollte Entspannung in deinem Leben bisher keine Rolle gespielt haben, ist es höchste Zeit, sich auf die Suche zu machen: Volkshochschulen, Sportstudios und andere Institutionen bieten heute eine Vielzahl verschiedener Entspannungsmöglichkeiten an. Autogenes Training, Yoga oder Progressive Muskelrelaxation sind nur ein paar Beispiele. Wähl eine Methode, die dir behagt und Spaß bringt. Ich habe zum Beispiel Yoga für mich entdeckt und begrüße jeden Tag mit einem Sonnengruß. Für mich ist das der pure Genuss!

Alors!

Finde eine Entspan-
nungsmethode, die gut
zu dir und deinem Alltag
passt. Denn nur das, was
wir gerne tun, machen
wir auch regelmäßig.
Und darauf kommt es
bei Entspannungs-
übungen an!

Ein häufiges Missverständnis besteht beim Umgang mit dem Fernsehen, das viele Menschen heute als ihre bevorzugte Entspannungstechnik nennen. Attention, hier liegt ein Trugschluss vor: Fernsehen belastet vor allem das Sinnesorgan, über das wir oft 80 Prozent unserer Umwelt wahrnehmen: die Augen. Ich bevorzuge Entspannungsverfahren, bei denen die Augen geschlossen bleiben und somit auch entspannen können. Außerdem führen viele Inhalte in Fernsehsendungen zu innerem emotionalem Aufruhr. Die Folge sind ständige Muskelverkrampfungen, die wir, bewegungslos auf dem Sofa sitzend, meist gar nicht wahrnehmen. Wenn du mich fragst, ist Fernsehen also kein Entspannungsverfahren, sondern genau das Gegenteil davon.

Musik hingegen, vor allem ruhiger und fließender Art, oder auch Naturgeräusche wie Meeresrauschen oder Regen wirken entspannend auf Körper, Seele und Geist.

„Was hat das jetzt mit Schlagfertigkeit zu tun?"

Wenn du dich das jetzt fragst, dann erinnere dich daran, wie auch du eine schlagfertige Person beschreiben würdest: Sie ist locker, cool und ausgeschlafen.

Also, lass uns heute beginnen, dem Alltag locker und gelassen zu begegnen! In der Ruhe liegt sehr viel deiner Kraft verborgen.

Der Gefühle-Check-up

Nachdem wir deinen Körper einem Check-up unterzogen und Wege gefunden haben, etwas für die Verbesserung von Reaktion, Balance und Entspannung zu tun, wenden wir uns nun deinen Gefühlen zu. Hier scheint der Zusammenhang zur vermeintlich fehlenden Schlagfertigkeit ersichtlicher, nicht wahr? Es sind ja oft die für uns ärgerlichen Gefühle wie Angst, Scham und Schuld, die unsere eigentlich vorhandene Schlagfertigkeit blockieren. Gute Gründe, auch unseren Lebensstil und die damit verbundenen Annahmen und Gefühle einmal zu überprüfen.

Ich möchte dir dazu das sogenannte 5-Säulen-Modell vorstellen.

Fünf Säulen deiner Stärke

Ich bin während meiner Recherchen zum Thema Schlagfertigkeit auf das 5-Säulen-Modell gestoßen. Es ist seit Jahrzehnten bei Therapeuten, Trainern und Coachs verbreitet und hat sich als anschaulich und hilfreich erwiesen. Die Idee dahinter ist ganz simpel: Unsere Identität und der Wert, den wir uns als Person geben, wird von fünf Säulen getragen, die fünf wichtige Lebenswelten repräsentieren:

Säule 1: Körper und Gesundheit

Die Säule umfasst deinen Körper mit all seinen Sinnen und Fähigkeiten zu Bewegung, Entspannung, Lust und Freude.

Säule 2: Arbeit und Beruf

Tätig zu sein, ob an einem Arbeitsplatz, zu Hause oder im Ehrenamt, vermittelt Teilhabe am gesellschaftlichen Leben, befriedigt oft auch soziale Kontakte und sichert unsere Existenz.

Säule 3: Beziehungen und soziale Kontakte

Verlässliche soziale Kontakte, Freundschaft und Liebe vermitteln uns Geborgenheit, Zugehörigkeit und die Möglichkeit, uns selbst im Kontakt mit anderen noch besser zu erfahren.

Säule 4: Geld und materielle Sicherheit

Jede Form der finanziellen Sicherheit schafft uns Zugang zu den Basisbedürfnissen wie Essen und Trinken, Wohnen, Kleidung und anderes. Auch die Freizeitgestaltung wird heute stark vom Konsum geprägt.

Säule 5: Werte und Sinn

Jegliche Weltanschauung, ob politisch, religiös oder der eigenen Lebensgeschichte geschuldet, kann Kraftquelle für unsere Gedanken und Handlungen sein.

Diese Säulen sind nicht bei jedem Menschen und zu jeder Zeit im Leben gleich. Schau dir deine Pfeiler der Reihe nach an: Welchen siehst du als stark und sicher? Welcher ist normal und durchschnittlich ausgeprägt? Welcher ist eher schwach ausgebildet oder bröckelt gar?

Wenn du dir selbst nicht so sicher bist, frag deine Freunde nach deren Einschätzungen zu deinen Säulen.

Du kannst diese 5 Säulen auch einfach einmal malen. Dabei wird ähnlich wie beim Körper-Check-up durch die Gestaltung in Form und Farbe manches, was sich sprachlich nicht fassen lässt, deutlich sichtbar. Wenn du dann einen Überblick gewonnen hast, gilt es, die Säulen, die eher schwächlich ausgeprägt sind, geeignet zu stärken.

Meine 5 Säulen

Auch dein Zugang zur Schlagfertigkeit wird vom Zustand deiner fünf Säulen geprägt. In den vorigen Kapiteln hatten wir beispielsweise beim Thema Körper und Gesundheit gesehen, wie unser Körper unser Sein im Leben prägt. Sei es, dass wir durch Unbeweglichkeit nicht so flexibel sind im Leben, sei es, dass wir durch körperliche Besonderheiten Zielscheibe für Spott und Kränkungen wurden.

Besonders deutlich erkennbar ist unsere Verwundbarkeit auch beim Thema Arbeit und Geld: Wer hier zum Außenseiter geworden ist, verliert oft sehr schnell sein Selbstbewusstsein und wird leichter ausgegrenzt.

Unser Selbstbewusstsein ist besonders leicht angreifbar durch unsere Ängste und Befürchtungen. Umso wichtiger ist es also, diese genau zu kennen und mit ihnen zu rechnen. **Also, ran an die Angst!**

Ran an die Angst!

Welcher Angst-Typ bist du?

Wir alle haben Ängste. Das ist in gewissem Sinne auch normal und hilfreich. Ein Angstgefühl kann uns vor Gefahr warnen und so sehr nützlich sein. Häufig plagen uns aber die Ängste mehr, als dass sie uns nützen. Wir erlauben ihnen, uns Szenarios für die Zukunft zu zeigen und fühlen zu lassen, die dann doch nie so eintreten. Dadurch hindern wir uns an einem leichten Leben. Wir vergeuden so lange sinnlose Energie, bis wir erkennen, dass wir uns gegen die Angst entscheiden können. Provozierend und deshalb sehr erhellend fand ich diesen Spruch, den ich auf einem Filmplakat gesehen habe:

Um zu erkennen, welche Entscheidung wir getroffen haben, müssen wir unsere Ängste unter die Lupe nehmen. Das scheint auf den ersten Blick schwierig, da es sich bei den meisten von uns um verschiedene Ängste handelt. Bringen wir sie aber einmal in ein Schema, so erkennen wir schnell, dass es eigentlich nur vier Grundängste gibt, mit der alle anderen möglichen Ängste in einem engen Zusammenhang stehen. Welche Grundangst fasst deine Ängste am besten zusammen?

Grundangst 1:
Ich fürchte mich vor Zuwendung.

Grundangst 2:
Ich fürchte mich vor Eigenständigkeit.

Grundangst 3:
Ich fürchte mich vor Veränderung.

Grundangst 4:
Ich fürchte mich vor Beständigkeit.

Wer genau hinsieht, stellt jetzt fest, dass selbst diese vier Ängste jeweils zusammengehören. Angst 1 und Angst 2 stehen sich ebenso als Extrempole auf einer Linie gegenüber wie Angst 3 und Angst 4.

Das Motto dieser vier Angsttypen könnte jeweils so lauten:

1. „Ich bin das Maß aller Dinge."

2. „Das Maß aller Dinge sind die anderen."

3. „Was immer war, ist wahr."

4. „Nur der Augenblick zählt."

Die Kenntnis unserer Grundangst bringt tatsächlich wertvolle Hinweise zum Thema Schlagfertigkeit.

Als Angsttyp 1 liegt meine Stärke darin, dass ich mich auf mich selbst konzentriere. Um aus meiner vermeintlichen Einseitigkeit herauszukommen, sollte ich meine Wahrnehmung der anderen und mein Mitgefühl für sie entwickeln. Dieser Angsttyp dürfte selbst überwiegend schlagfertig sein und wird weniger häufig angegriffen oder nimmt sich dies dann nicht wirklich zu Herzen.

Bin ich Angsttyp 2 liegt meine Stärke darin, dass ich mich sehr gut in andere hineinversetzen kann. Diese Personen sollten sich ohne Scham- und Schuldgefühle auf sich und ihre Bedürfnisse konzentrieren, um einen Ausgleich zwischen den Extremen zu erreichen. Jede Aktivität zur besseren Entwicklung des Selbstausdrucks, wie zum Beispiel Singen, Tanzen oder Kampfsport, ist segensreich. Dieser Typus wird eher Probleme mit Schlagfertigkeit haben, häufiger Zielscheibe von Angriffen sein, oft auch vom Angsttypus 1, der in seinem Egoismus auch einmal „über Leichen geht".

Bei Typ 3 liegt meine Stärke in der Kontinuität, im Festhalten und Bewahren von Menschen und Situationen. Für eine bessere Integration des anderen Pols sind alle Aktivitäten, in denen etwas Neues probiert und mehr Beweglichkeit und Spontaneität entwickelt werden, sehr nützlich. Diese Menschen sind auch manchmal gekränkt, aber entweder schützt sie ihre Sturheit oder sie bringen sich erst gar nicht in eine Situation, in der sie auffallen und provoziert werden.

Bin ich Typ 4, liegt meine Stärke in der Flexibilität, ich halte mir immer alles offen. Um aus dieser Einseitigkeit heraus und mehr zum anderen Pol zu kommen, sind alle Aktivitäten hilfreich, die sowohl die körperliche, vor allem aber die seelische Ausdauer und den Langmut trainieren. In einem konservativen Klima werden solche Menschen öfter attackiert, auch gerne vom Angsttypus 3, der sich in seiner Ruhe gestört fühlt.

Ich könnte mir vorstellen, dass du dich, wenn du dieses Büchlein zur Hand nimmst, eher dem Angsttyp 2 oder 4 zuordnen wirst. Doch das werden wir ändern. **Und du bist gerade auf dem besten Weg zu einer souveränen Haltung! Weiter geht's!**

Schlagfertigkeit kommt von Schlagen

Attention, jetzt kommt der Härtetest! Zwischen unseren mentalen und sprachlichen Fähigkeiten gibt es enge Zusammenhänge, das ist vielen Menschen klar. Wir haben uns schon damit beschäftigt, wie stark diese Zusammenhänge auch in Bezug auf unseren Körper sind.

Schlagfertigkeit enthält das Tätigkeitswort *schlagen,* und darin liegt für viele Menschen ein Problem. Sie würden nämlich, falls sie einmal zuschlagen, mit ihrer Grundangst konfrontiert, anderen wehzutun. Versteh mich nicht falsch, das ist prinzipiell auch gut so! Doch bei diesen Menschen ist die Grundangst 2 häufig etwas zu stark ausgeprägt. Sie sind mit ihrer Aufmerksamkeit zu sehr auf ihre Mitmenschen fokussiert und zu wenig auf sich. Durch Erziehungs- und Sozialisationsprozesse ist diese zurückgenommene Haltung über Jahrzehnte kultiviert worden und in die körperliche Haltung übergegangen. Nur wer sich körperlich wieder ausdehnt und löst, kann aus sich herausgehen, selbstbewusst auftreten und auch einmal konfrontativ handeln. Alle Aktivitäten, bei denen wir körperlich und ritualisiert aggressiv aus uns herauskommen, sind geeignet, diese Hemmungen zu lösen. Einige Beispiele sind Tischtennis, Tennis, Squash, Holzhacken und viele Kampfsportarten.

Damit eine Konfrontation mit der eigenen Grundangst ein positives Erlebnis wird, kann es hilfreich sein, sich professionelle Unterstützung zu suchen. Es werden immer wieder spezielle Tages- oder Wochenendseminare auch speziell für Frauen angeboten, in denen es um dieses Thema geht. Darin führen Kursleiterinnen behutsam an das Tabu des Zuschlagens heran. Wie gesagt, es geht nicht darum, zukünftig Konflikte mit Gewalt zu lösen, non! Wer aber diese gesellschaftlichen Fesseln einmal gespürt hat und durch „Zuwiderhandlung" an einem Boxsack (natürlich ohne Selbst- oder Fremdverletzung!) abgestreift hat, erhält eine ungeheure Freiheit zurück, die sich wunderbar anfühlt. Ich merke selbst immer wieder, wie gut es tut, sich körperlich auszupowern und die eigene Kraft zu spüren!

Auf zum
Befreiungs-
schlag!

Wie du Energien bündelst

Jetzt, da du den eigenen Gefühlshaushalt im Griff hast, gilt es, die eigene Haltung zu finden und zu verbessern. Sprachlich interessant ist, dass wir allgemein mit dem Wort *Haltung* sowohl eine Stellungnahme oder Position bezeichnen als auch die Art und Weise, wie wir uns mit unserem Körper in der Welt präsentieren.

mein
TIPP:

Beobachte mal, wie andere Menschen sich halten, also wie sie gehen und wie sie stehen. Du kannst dabei sehr viel über diese Personen lernen.

Einen guten Standpunkt finden

Viele Menschen halten sich krumm. Der Hals mit dem Kopf ist nach vorne geneigt, manchmal auch der ganze Oberkörper. Manche älteren Menschen knicken dann irgendwann in den Hüften nach vorne. Die Schultern sind oft nach oben und nach vorne gezogen. Auch im Sitzen kommt diese gekrümmte Haltung häufig vor.

Es ist deprimierend, das zu sehen, findest du nicht auch? Aufrichtigkeit würde fehlen, so wird oft geklagt. In der Tat, schaut man sich um, sieht es ganz so aus. Also:

Richte dich wieder auf!

Wenn du unsicher bist, lass dir von einem Arzt, Orthopäden oder Osteopathen zeigen, wie die eigentliche und richtige Haltung für dich aussähe. Es fühlt sich am Anfang möglicherweise komisch an. Manche denken nun, du hättest einen Stock verschluckt, andere halten dich jetzt mit deinem aufrechten Gang für eine Angeberin. Lass dich davon nicht entmutigen!

Es ist ein bisschen wie beim Zuschlagen: Wir durften meist nicht stolz, heiter und begeistert von uns selbst sein und haben uns dann beizeiten klein gemacht und gekrümmt. Richten wir uns wieder auf, müssen wir auch dabei einige unangenehme Gefühle durchleben, die in unserem Körpergedächtnis gespeichert sind. Ich möchte dich ermutigen, diese Phase auszuhalten und weiter aufrecht zu bleiben! Wichtig ist, dass du in der aufrechten Haltung dennoch gelöst und locker bleiben kannst und nicht in eine Verkrampfung kommst.

Ich betreibe zur Unterstützung meiner lockeren aufrechten Körperhaltung geeignete Gymnastik und Yoga, auch Tai-Chi und Qigong funktionieren gut.

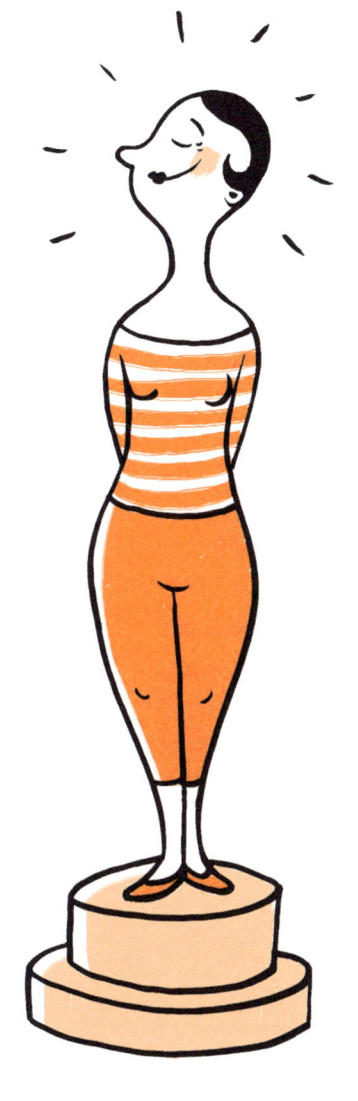

Alors!

Im besten Fall wird sich dein Leben allein durch deine wiedergewonnene aufrechte Haltung dramatisch verbessern, sodass du seltener in Situationen kommst, in denen du dich zur Wehr setzen musst.

Immer weiter atmen

Als ich letztens geröntgt werden musste, erhielt ich vor der Aufnahme durch die Röntgenassistentin das Kommando: „Bitte Luft anhalten!" Als das Bild gemacht war, sagte sie: „Fertig, bitte weiteratmen." Ich musste lachen, aber sie erklärte mir, dass sie schon Patienten erlebt habe, die aus Aufregung, Angst und Sorge, etwas falsch zu machen, weiter die Luft angehalten hätten, wenn sie nicht das Kommando zum Weiteratmen geben würde.

In der Tat, schauen wir uns aufmerksam um, so stellen wir fest, dass auch die Atmung oft so lieblos betrieben wird wie die Haltung. Viele Menschen atmen viel zu flach, hektisch und nicht bis tief in den Bauch. Lass dir am besten von einem Profi zeigen, wie eine die Lungen komplett füllende und den ganzen Körper vitalisierende Einatmungsphase einer zeitlich gleich langen tiefen Ausatmungsphase gegenübersteht.

Dazu habe ich eine kleine Übung für dich parat.

Atemmeditation beim Gehen

. . . .

Geh ruhig, gleichmäßig und in einem für dich angenehmen Tempo. Atme dann die gleiche Anzahl an Schritten ein, die du folgend auch wieder ausatmest. Wie viele Schritte das sind, ist egal, das hängt von deinem Gehtempo ab. Es soll für dich immer angenehm sein und nur dem Ein- und Ausatmen genau die gleiche Länge geben.

. . . .

Wenn du bemerkst, dass dein Einatmen gerne länger dauert als das Ausatmen, dann bist du wahrscheinlich ein Angsttyp 1, der zu viel zurückhält und sich zu wenig hingibt. Wenn du lieber länger ausatmest, wirst du eher ein Angsttyp 2 sein, der zu wenig bei sich bleibt und sich zu sehr hingibt.

mein

TIPP:

Angst kann in der Tat weg-
geatmet werden. Wusstest du,
dass Verhaltens- und Traumathe-
rapeuten bei Angstpatienten auch
mit Atemübungen arbeiten?
Wer Angst hat, dem bleibt vor
Schreck oft die Luft weg und er
hört auf, ausreichend zu atmen
und sich mit Energie
zu versorgen.

Beschäftige dich also mehr mit deinem Atmen. Kauf dir ein Buch, eine Hör-CD oder besuch doch mal ein Seminar zum Thema. Achte zukünftig darauf, dass du besonders in Situationen, die deine Schlagfertigkeit erfordern, gelöst und tief weiteratmest. Wenn panische Gedanken kommen, bleib bei deinem Atem, zähl im Geist einfach deine Atemzüge. So bleibst du zentriert und schon bald fällt dir die für dich passende Reaktionsmöglichkeit ein.

Dein Körper hat was zu sagen!

Lass deinen Körper sprechen

Bon, du beschäftigst dich jetzt mehr mit deinem Körper, dann wird es Zeit, diesen auch aktiver und bewusster einzusetzen. Nimm zunächst die Beobachterrolle ein: Analysier in realen Konfliktsituationen oder aber auch im Fernsehen die Position von Kontrahenten genau. Du wirst merken, dass aus der Körpersprache die Entwicklung, Dramaturgie und Machtverteilung des Konfliktes deutlich lesbar ist. Sehr spannend, finde ich! Im Fernsehen eignen sich für solche Analysen Fußballspiele besonders gut, denn da ist immer viel von Körpersprache die Rede.

Der bewusste Einsatz von Körpersprache ist nicht allein durch passive Lektüre erlernbar. Deshalb will ich dich ermuntern, auch bei diesem Thema aktiv zu werden und deine Kenntnisse in einem entsprechenden Kurs zu vertiefen.

Als Einstieg in das Thema stelle ich dir jetzt zwei konkrete Situationen vor, in denen du deine Körpersprache gezielt einsetzen kannst. Probiers doch einfach mal aus!

In die Konfrontation gehen:

Wende dich dem Kontrahenten in aufrechter Haltung frontal zu. Für den Energiefluss ist es ganz wichtig, nie die Knie durchzudrücken, sondern sie immer federnd ganz leicht gebeugt zu halten. Aus strategischen Gründen solltest du immer versuchen, eher eine erhöhte Position und möglichst keine niedrige innezuhaben. Mit dem Wort „Erniedrigung" ist der Zusammenhang schon deutlich erklärt.

Autorität wird oft durch eine erhöhte Position ausgedrückt: Denk nur an die Kanzel in einer Kirche oder an traditionelle Gerichtssäle. Interessanterweise empfehlen viele Personaltrainer, bei Gesprächen am Telefon, bei denen man sich durchsetzen möchte, genau das Gleiche zu tun und beim Telefonieren wenn möglich aufzustehen. Dies wirkt sich positiv auf das Selbstbewusstsein, die Ausstrahlung und die Sprache aus. Verrückt, aber es funktioniert!

Aus der Konfrontation gehen:

Das Verlassen der Situation ist „aus der Konfrontation gehen" in Vollendung. Es gibt aber viele Vorstufen, die, aktiv angewendet, deinem Gegenüber den Wind aus den Segeln nehmen. Wichtig ist, den Körper und den Blick aus dem direkten Kontakt des Gegenübers zu drehen. Dabei solltest du aber, das ist ganz wichtig, ein anderes Ziel haben. Wenn andere Personen dabei sind, nimm Kontakt zu einer anderen Person auf. Ich gebe manchmal vor, meinen Schlüssel oder mein Portmonee zu suchen, und krame in meiner Tasche oder Jacke. Wenn du draußen bist, kannst du dich einem Schaufenster zuwenden oder dich bücken, um deinen Schuh zu binden. Der vorgegebene Grund erleichtert es, aktiv aus der Kontaktsituation herauszutreten. Er signalisiert auf unaufdringliche Weise, dass es gerade etwas Wichtigeres gibt als das Anliegen des Gegenübers. Das Ganze solltest du bestenfalls gelassen und freundlich gestalten, um keinen Anlass für eine weitere Provokation zu liefern.

Mit abgewandtem Körper und Fokus bist du dann eher in der Lage, dich zu sammeln und Klarheit darüber zu gewinnen, wie du weiter reagieren willst. Du bleibst nicht, wie das sprichwörtliche Kaninchen vor der Schlange, in Schreckstarre gefangen. Voilà, die eigene Bewegung und das Unterbrechen einer unangenehmen Situation schaffen Platz für neue Energie und aktives Handeln.

mein
TIPP:

Ich gehe in diesem Buch immer von übergriffigem Verhalten einer anderen Person aus, nicht von Schlimmerem. Manchmal sind die Grenzen aber fließend und kleine Unstimmigkeiten können sich hochschaukeln. Denk dran: Tu dir Gutes und trag nicht zu einer Eskalation bei.

Der Mental-Check-up

Bei einer ganzheitlichen Betrachtung spielen Körper und Gefühle natürlich eine zentrale Rolle für die Schlagfertigkeit. Deshalb war es mir so wichtig, darauf einzugehen. Wenden wir uns nun dem zu, womit Schlagfertigkeit allgemein assoziiert wird: **geistige Frische, Witz und Redegewandtheit.** Wie du dich auch da in Form bringen kannst, zeig ich dir jetzt!

Was du gern siehst und hörst

Du willst souverän reden? Na klar! Nur – worüber? Um Stoff für Redegewandtheit zu gewinnen, überlegst du am besten zuerst, was du gern im Fernsehen oder Theater siehst, welche Musik du gern hörst oder welches deine Lieblingstexte sind. Es gibt viele auch unterhaltsam gemachte Fernsehserien, die frisch, frech und zeitgemäß unser tägliches Leben porträtieren.

Und jetzt kommt das Beste: Wenn du diese Serien bereits zur Unterhaltung verfolgt hast, kannst du sie ab jetzt auch unter dem Gesichtspunkt des Schlagfertigkeitstrainings quasi als Weiterbildung betrachten. In diesen Serien wird gerne frech geredet, gestritten und gemobbt. So bekommst du auf unterhaltsame Art noch mehr Übung darin, Muster für gute und weniger gute Strategien für Schlagfertigkeit zu erkennen.

 **Mein Geheimtipp:** Ich merke mir gute Sprüche und Antworten, die zu mir passen, und übernehme sie in mein eigenes Repertoire. Am liebsten natürlich von Schauspielerinnen oder Schauspielern, die ich mag. Such dir doch auch solche Vorbilder.

„Hasta la vista!"

Das erscheint dir jetzt albern? Dann bedenk Folgendes: Vielleicht kennst du einen Menschen, der immer schlagfertig, spritzig und selbstbewusst ist. Das hat er wahrscheinlich in seinem Leben dadurch gelernt, dass es ein Vorbild gab: der Vater, die Oma, eine „verrückte" Tante, einen Lehrer, die große Schwester und so weiter.

Wenn du also Eigenschaften bewusst ausbauen willst, dann ist es dir auch heute noch erlaubt, egal wie alt du bist, dieses Lernen an einem Vorbild nachzuholen. Du musst ja niemandem davon erzählen.

Je mehr dir dein Vorbild in Fleisch und Blut übergegangen ist, umso wahrscheinlicher wird es sein, dass du zu gegebenem Anlass einen wunderbaren Gegenangriff starten kannst. Entweder machst du das so meisterhaft, dass kein Mensch merkt, dass du dir die Antwort „ausgeliehen" hast. Oder, und das kann genauso cool sein, du bringst die Retourkutsche als Zitat, etwa so:

„Wie meine Freundin Teri Hatcher jetzt sagen würde: „Ich bin hier fertig. Jetzt setzen wir alle ein fröhliches Gesicht auf und tun so, als wäre das hier nie passiert.""

Oh ja, amerikanische Soaps wie Desperate Housewives anzusehen ist schon fast so etwas wie Bildungsurlaub in Sachen Schlagfertigkeit.

Wovon du liest, davon kannst du reden

Auch beim Lesen lohnt sich eine kleine Inventur. Wenn du in bestimmten Themen gut informiert bist, dann bau deine Expertise durch gezielte Lektüre weiter aus. Hol dir Anregungen für gute Antworten auf blöde Anmache aus den Bereichen, in denen du Heimspiel hast.

Ich lenke in brenzligen Situationen einfach das Gespräch auf ein Thema, in dem ich mich auskenne. Andererseits ist es immer bereichernd, den eigenen Horizont zu erweitern und sich in neue Bereiche einzulesen. So tust du etwas für deine Allgemeinbildung und stellst auch noch begeistert fest, was es außerhalb der eigenen Lieblingsthemen Interessantes gibt.

Bei schon bestehenden und sich wiederholenden Situationen der Anmache ist es auch eine gute Überraschungsstrategie, das Gegenüber mit dessen eigenen Waffen zu schlagen.

Einige Beispiele aus dem Alltag

Bezieht dein Gegenüber sein Potenzial aus übersteigerter Intellektualität, dann leg dir einige geschraubte Sätze auf noch höherem Niveau zurecht. Eine humorige Komponente hat es, wenn solche Sätze völlig sinnlos sind, was Pseudo-Intellektuellen ja häufig auch unbemerkt passiert.

Kommt der Aufschlag der anderen Seite eher prollig daher, dann kontere doch einfach mal, auch wenn es sonst nicht deine Art ist, genauso prollig.

Wenn du als Frau oft von einem Mann gepiesackt wirst, schlag einfach auf den stereotypisch männlich besetzten Gebieten wie dem Fußball, der Auto- und Motorenwelt oder der männlichen Biologie zurück.

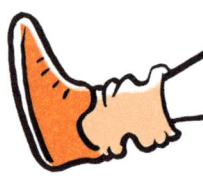

Aus der Mitte kommen

Durch die Lektüre dieses Büchleins und die enthaltenen Übungen hast du sicher schon eine Vorstellung davon bekommen, wo deine eigentliche Mitte ist und was es heißt, zentriert zu sein. Auf dieser Basis können wir jetzt deine mentalen und auch sprachlichen Möglichkeiten verfeinern.

Schreib-Fluss

Früher litt ich manchmal unter Schlaflosigkeit. Ein befreundeter Personaltrainer empfahl mir, in schlaflosen Nächten das Bett zu verlassen, mich an einen Tisch zu setzen und für eine gesetzte Zeit, zum Beispiel 15 Minuten, ungefiltert meine Gedanken aufzuschreiben.

Alors, ich habe es ausprobiert. Und tatsächlich! Das Ritual hat nicht nur sehr beruhigend auf mich gewirkt, sodass ich meistens danach wieder einschlafen konnte – ich habe auch festgestellt, dass sich meine Niederschriften nach und nach deutlich verbesserten.

Daher schlage ich dir vor, einmal am Tag deine Gedanken frei zu Papier zu bringen. Solltest du Hemmungen haben, ist es hilfreich, sich klarzumachen, dass du im Anschluss das Geschriebene nicht aufhebst, sondern vernichtest, sodass keiner an diesen ungefilterten Gedanken teilhat. Auch solltest du nie ins Stocken kommen: Wenn du keine Gedanken hast, schreib genau das auf! Wenn du wütend wirst, dann formuliere auch diese Gedanken:

So ein Mist, ich soll diese blöde Übung machen, das bringt doch eh nichts, jetzt juckt auch noch meine Nase, ich habe Hunger und muss aufs Klo … nur immer weiter.

Diese Übung bringt dreifachen Segen:

Du lernst, deine Gedanken durch den Prozess des Aufschreibens zu entschleunigen, zu präzisieren und zu fokussieren. Glaub mir, das passiert zwangsläufig und auch, wenn das Geschriebene vermeintlich keine fortlaufende Logik hat.

Der zweite Effekt besteht darin, dass du trainierst, gedanklich im Fluss zu bleiben und nicht ins Stocken zu geraten. Wenn du das auf diese Weise regelmäßig übst, wirkt es sich auch in Alltagssituationen positiv aus.

Der dritte und wichtigste Aspekt der Übung ist: **Du kommst mehr und mehr in den Augenblick.** Du beobachtest und beschreibst das, was jetzt gerade ist. Darin haben viele Menschen wenig Übung und auch wenig Vertrauen. Doch im Augenblick der Gegenwart steht dir bei voller Präsenz dein gesamtes Potenzial zur Verfügung. Etwas, das wir nur auswendig gelernt haben, könnten wir im entscheidenden Moment vergessen.

Ich habe über die Gabe des freien Improvisierens von Künstlern gelernt. Schau dir Theaterimprovisationen an oder hör Musik, die überwiegend improvisiert ist. Du wirst die Frische und den Zauber spüren, der in solchen Darbietungen liegt.

Rede-Fluss

In einem nächsten Schritt gilt es nun, die Methode des Schreib-Flusses ins Mündliche zu übertragen.

Dabei muss ich an eine Begegnung mit einem Sport-reporter denken, den ich einmal auf einem Empfang kennengelernt habe. Er erzählte mir von einem wichtigen Meilenstein seiner Ausbildung: Sein Mentor und erfahrener Kollege nahm ihn mit auf einen Spaziergang in einen Wald. Er blieb vor einem Baum stehen und gab ihm die folgende Aufgabe: „Rede durchgängig von und über diesen einen Baum im Stil eines Radioreporters, ohne dabei ins Stocken zu kommen. Das Ganze ab jetzt und für 10 Minuten." Es sollten die längsten 10 Minuten seines Lebens werden.

Diese Übung ist auch für dich wunderbar geeignet, um den durch das Schreiben gebahnten Denkfluss in einen Redefluss zu verwandeln. Wenn so eine Baumbeschreibung angesichts der vermeintlichen Ereignislosigkeit für dich anfangs noch zu schwer ist, beginn mit etwas Leichterem: Beschreib, aus dem geschlossenen Fenster schauend, die Straßenszenen, die du siehst. Diese Methode lässt sich auch bestens beim Autofahren anwenden, etwa im Stau.

Auch wenn es anfangs vielleicht schwerfällt, glaub mir, es wird dir schon bald großen Spaß machen! Außerdem wirst du so deine Beobachtungsgabe, die geistige Fokussierung und die sprachliche Beschreibung von alltäglichen Situationen deutlich verbessern.

Von und mit anderen lernen

Die Anregung für die Übung, die ich dir jetzt zeige, verdanke ich meinem Vater. Merci, papa! Du musst wissen, mein Vater ist ein temperamentvoller und redegewandter Mann. So hat er es sich angewöhnt, viele Fernsehereignisse lautstark zu kommentieren und wortkräftig mitzumischen. Ob es sich um die Nachrichten handelt, eine Talk-Show oder ein Fußballspiel, er ist immer mit auf Ballhöhe und tobt sich verbal aus, manchmal zum Leidwesen der übrigen Familie.

So weit muss es bei dir nicht gehen! Dass der Fernseher Anregungen zum Thema Schlagfertigkeit bietet, weißt du bereits. Dass du aber mit dem Fernseher üben kannst, das dämmert dir wahrscheinlich erst jetzt.

Such dir also Sendungen, die du dann lautstark kommentierst und bei denen du dich ins Gespräch einmischst. Wenn du allein fernsiehst, ist das kein Problem, und du übst sozusagen nebenher in deiner Freizeit.

Du hast es sicher schon gemerkt: Wir steigern uns von Übungen mit niedrigem Risikolevel zu Übungen mit einem höheren Risikolevel. Du bist jetzt so weit, eine vertraute Person in dein Schlagfertigkeitstraining einzuweihen. Denn natürlich ist es etwas anderes, allein vor dem Fernseher zu üben, als wenn eine zweite Person anwesend ist. Doch dieser Schritt ist wichtig. Fehlende Schlagfertigkeit ist auch eine Blockade, die du zwar mit und in dir abbauen kannst, aber erst in erfolgreicher Interaktion mit und gegen andere endgültig ablegen wirst. Wenn du an deinen Übungen ab jetzt eine Person deines Vertrauens beteiligst, so erhöht das nicht nur die Authentizität der Lernsituation. Es macht auch mehr Spaß, und wechselseitige solidarische Unterstützung erhöht die Motivation!

 Für die Übung vor dem Fernseher sollte die anwesende Person also nur die Aufgabe haben, dabei zu sein, dich zu unterstützen und eventuell selbst mitzumachen. Wenn das gut funktioniert, könnt ihr auch einen Schritt weitergehen und gemeinsam üben. Ich stell dir jetzt ein paar Partnerübungen vor, die sich bewährt haben!

Doppelt hält besser!

Übung zur Meisterschaft

Voilà, du hast bis hierhin schon fleißig allein geübt auf deinem Weg zu mehr Schlagfertigkeit. Weiter geht's im Doppelpack! Ich zeige dir die besten Übungen mit einem Trainingspartner.

Vom Einzel zum gemischten Doppel

Bis hierhin hast du schon viel Input erhalten und sicherlich einiges selbst ausprobiert. Lass uns also mehr und mehr aktiv werden! Mit meinen Anregungen will ich es dir ermöglichen, realistische Situationen nachzustellen, in denen du deine Schlagfertigkeit anwenden kannst. Umso besser funktioniert das gemeinsam mit einem Trainingspartner.

Nehmen wir etwa das Thema „Zeit schinden": Alle Zeitspielübungen sind wunderbar als Rollenspiele zu praktizieren. So entstehen schon fast Realbedingungen. Die Person, die dein Gegenspieler mimt, darf ruhig provokant, hartnäckig und zäh sein. Sie sollte aber dennoch authentisch reagieren und dir rückmelden, wann eine deiner Interventionen besonders gelungen und effektiv wirkt. Auch alle vorgestellten Check-ups können mit einer vertrauten Person vollzogen und besprochen werden.

Wenn ihr zu zweit übt, ist es leichter, sich gegenseitig zu motivieren und bei der Sache zu bleiben.

mein
TIPP:

Als Frau solltest du auch mit einem für dich vertrauensvollen Mann üben. Das wird neue Erfahrungen bringen und dich für alle Eventualitäten rüsten. Umgekehrt empfehle ich Männern, auch mit einer Trainingspartnerin zu üben.

Siegen ohne Kämpfen

Wir gehen jetzt den letzten Schritt und bündeln darin alle Erfahrungen, die du bisher gemacht hast.

Dir ist deutlich geworden, dass ein vermeintlicher Mangel, auch der an Schlagfertigkeit, immer in Körper, Seele und Geist verortet ist und nur unter Berücksichtigung aller drei Ebenen gelöst werden kann. Die ersten Schritte, wie das funktionieren kann, habe ich dir gezeigt. Durch die Kenntnis deiner fünf persönlichen Säulen hast du Orientierung über deine Identität gewonnen. Das Wissen um deine Grundangst gibt weitere Hinweise für Entwicklungsmöglichkeiten.

Vielleicht hast du dich zwischendurch gefragt, warum ich dieses Thema sprachlich so „kämpferisch" angepackt habe. Wenn du bis hierhin gelesen und auch schon ein wenig geübt hast, merkst du wahrscheinlich, dass es immer um Aufbau und wirkungsvollen Einsatz deiner vollen mentalen, emotionalen und körperlichen Präsenz geht. Ich habe schon in Gegenden dieser Welt gelebt, in denen sich Menschen, manchmal noch Kinder, auf der Straße im wahrsten Sinne des Wortes durchschlagen mussten. Dort habe ich gelernt, dass ein wachsamer und präsenter Auftritt neben Respekt auch eine gewisse Autorität ausstrahlt. **Diese Haltung provoziert nicht den Kampf, sie macht dich schon vor einer Eskalation zur Siegerin.**

Kennst du die Fernsehserie „How I Met Your Mother"? Oui, oui, manchmal schaue ich mir so etwas an. Jetzt denke ich gerade an eine Folge, in der einer der männlichen Protagonisten schmählich von der Dame seines Herzens verlassen wurde. Er ist daraufhin über Tage blockiert und geht der Ex ständig aus dem Weg, da er seine Trauer und Wut nicht fühlen und so auch nicht ausdrücken kann. Seine Freunde und Freundinnen stacheln ihn nun an, seine Gefühle endlich zu formulieren. Ich fieberte mit, hoffte auch, dass der Verlassene endlich aus sich herauskommen würde. Der Show-down folgte auf dem Fuß: Im Taxi, mit den Freunden auf der Rückbank, war er endlich mutig der Ex gefolgt und wird sie nun vor ihrem Haus stellen. Finalement! Er ist jetzt gewillt, das

Schlagfertigkeits-Coaching seiner Freunde in die Tat umzusetzen. Was nun folgte, war in der Tat ein Finale der ganz besonderen Art! Als er sieht, wie seine Ex an der Haustür von ihrem neuen Geliebten zärtlich begrüßt wird, ist er – gerührt. Er spürt die Stimmigkeit der Situation, wie er sie sieht und wie sie jetzt ist. Alles ist gut, und er ist allein, also mit allem einig und in Harmonie. Es gibt nichts hinzuzufügen, nichts zu ändern oder zu tun und schon gar nichts zu bekämpfen. Und so geht er ganz ruhig zurück in sein eigenes Leben und seine Zukunft. Er trägt den größten Sieg davon, den man erringen kann, den Sieg über sich selbst. Aber: Ohne den ganzen Vorlauf wäre ihm das nicht bewusst geworden.

Alors!

Wer seine eigene Persönlichkeit und Würde selbstbewusst präsentiert und wahrt, tut dies mit einem sehr guten Motiv: Aus Liebe zu sich selbst. Selbstliebe ist ein so selten gewordenes und doch so hohes Gut. Sie ist untrennbar verbunden mit der wahren Essenz unseres Lebens: der Liebe zu allen Wesen.

Aber denk jetzt bitte nicht: Cool, dann brauche ich das ganze Üben gar nicht, ich fange gleich mit dem Siegen ohne Kämpfen an. Attention, es ist hier wie bei Picasso: Dieser herausragende Künstler war durch eine lange Schule als Maler gegangen und beherrschte sein Handwerk von Grund auf. Als er in seinem Spätwerk seine Kunst immer mehr reduzierte und in manchen seiner Bilder nur noch Striche malte, dachte der ein oder andere Bildbetrachter: Das könnte ich doch auch! Aber das ist ein fataler Irrtum.

Wenn du in deiner Mitte ruhst, werden dich auch deine Mitmenschen in Ruhe lassen. Fast immer ist eine Aggression, die ich erfahre, die Reaktion auf meine eigene, mir meist nicht bewusste, innere Kampfbereitschaft.

Also bleib gelassen und zentriert, dann perlt unberechtigte Kritik und Aggression an dir ab.

A la fin!

Ein Stück gemeinsamen Wegs liegt hinter uns. Ich hoffe, du fühlst dich nun gewappnet, deinen Weg zu mehr Schlagfertigkeit selbstbewusst weiter zu beschreiten.

Ich hoffe, dass du in diesem Büchlein einige interessante Anregungen und Impulse für deinen Alltag finden konntest. Sicherlich hast du während der Übungen spannende Erfahrungen gemacht und vielleicht auch dich selbst von einer ganz neuen Seite kennengelernt. Auch der Spaß und die Freude sollten nicht zu kurz gekommen sein.

Vielleicht haben bereits Freunde und Bekannte Veränderungen in deinem Auftreten bemerkt: Hörst du in letzter Zeit häufiger, dass du gelassen, besonnen oder souverän wirkst? Fantastique!

Hast du eigene Tipps für einen schlagfertigen Auf-tritt oder möchtest du deine Erfahrungen mit mir teilen? Dann freue ich mich, wenn du mir schreibst an madame.missou@gabal-verlag.de.

Und jetzt: Stell dich auch den brenzligen Situa-tionen im Leben und meistere sie souverän. Es macht dich kraftvoll und glücklich!

Adieu und bis zum nächsten Mal

Madame Missou –
Von der Freundin für die Freundin.
Der Ratgeber zum Verschenken

Ob Achtsamkeit, Gute Laune, Aufräumen oder Selbstbewusstsein: Madame Missou weiß Rat. Sie hat schon vieles ausprobiert und verrät ihren Leserinnen die besten Tipps und Tricks! Die kleinen Ratgeber widmen sich in kompakter Form Themen, die uns im Alltag begleiten, und Herausforderungen, denen frau sich täglich stellt – und präsentieren pragmatische Lösungen. Die liebevollen Illustrationen und Listen zum Selbsteintragen steigern das Lesevergnügen und machen die Bücher zu individuellen Workbooks.

Das perfekte Geschenk für die beste Freundin!

Madame Missou **hat gute Laune**

Ein Kaffeefleck auf der frischen Bluse, das Auto springt nicht an, du stößt dir den Zeh – un jour catastrophique! Aber: Kein Grund, in schlechte Laune zu verfallen. Ich verrate dir kleine Tricks, die dein schönstes Strahlen wieder hervorzaubern werden. Und dich – ganz nebenbei – dauerhaft zufriedener machen!
ISBN: 978-3-86936-784-2

Madame Missou **ist selbstbewusst**

Es gibt diese Menschen, die rundum zufrieden wirken, von innen strahlen und alle in ihren Bann ziehen. Glückskinder? Nein, wahrscheinlich sind sie einfach nur selbstbewusst. Und Selbstbewusstsein kann frau lernen. Ich verrate dir die besten Tipps für ein selbstbestimmtes Leben.
ISBN: 978-3-86936-786-6

Madame Missou **ist achtsam**

Kinder, Haushalt, Job und Hobbys – der Alltag kann schnell in Stress ausarten! Dann hetzt frau von A nach B, ohne im Gespräch aufmerksam zuzuhören, das Abendessen wirklich zu genießen oder die Aufgabe konzentriert zu erledigen. Und fällt am Ende des Tages vollkommen erschöpft ins Bett. Ich kenne das nur zu gut und weiß, was zu tun ist: Achtsam leben lautet das Gebot der Stunde! **ISBN: 978-3-86936-787-3**

Madame Missou lebt gesund

Superfood hier, Low Carb da, gluten-, laktose- und fleischfrei soll es sein – wer blickt denn da noch durch? Leistungssport, Feng-Shui oder doch nur ausschlafen? Ich habe eine Mission: Ab sofort will ich gesünder und glücklicher leben. Ich lade dich ein, mitzumachen und von meinen Erfahrungen zu profitieren.
ISBN: 978-3-86936-788-0

Madame Missou räumt auf

Das Genie liebt das Chaos? Oder hat das Gerümpel die Herrschaft übernommen? Fest steht: Neue Gedanken brauchen Platz, um sich zu entfalten, und ein schönes Zuhause ist der beste Rückzugsort der Welt! Mit ein paar kleinen Tricks wirst du wieder Herrin im eigenen Reich. Ich zeige dir, wie's geht!
ISBN: 978-3-86936-789-9

Besuch mich auf Facebook unter

www.facebook.com/ MadameMissou

Bibliografische Information der Deutschen Nationalbibliothek
Die Deutsche Nationalbibliothek verzeichnet diese Publikation in der
Deutschen Nationalbibliografie; detaillierte bibliografische Daten
sind im Internet über http://dnb.d-nb.de abrufbar.

ISBN 978-3-86936-789-7

Redaktionelle Bearbeitung: Lina Erd
Umschlaggestaltung: Isabel Große Holtforth, Maisach
Satz, Layout und Illustrationen: Isabel Große Holtforth, Maisach
Druck und Bindung: Salzland Druck, Staßfurt

© Originaltitel „10 Schritte für mehr Schlagfertigkeit in jeder Situation",
Maracuja GmbH, Hamburg

www.gabal-verlag.de   **www.madame-missou.de**